W0074641

Volle Fahrt voraus

5 Geschichten für unterwegs
und zuhause

© 2014 NordSüd Verlag AG, Heinrichstrasse 249, CH-8005 Zürich
Alle Rechte, auch die der Bearbeitung oder auszugsweisen Vervielfältigung,
gleich durch welche Medien, vorbehalten.
Coverillustration: Frauke Weldin
Gestaltung: NordSüd Verlag AG
Druck und Bindung: Offizin Andersen Nexö Leipzig GmbH,
Zwenkau, Deutschland

ISBN 978-3-314-10228-8
1. Auflage 2014

www.nord-sued.com
Bei Fragen, Wünschen oder Anregungen
schreiben Sie bitte an: info@nord-sued.com

FSC
www.fsc.org

MIX
Papier aus verantwor-
tungsvollen Quellen
FSC® C012425

Volle Fahrt voraus

5 Geschichten für unterwegs und zuhause

Nord
Süd

Inhalt

Christa Kempter · Frauke Weldin

Herr Hase und Frau Bär

Der große Ausflug

Es regnet, und Herr Hase hat schlechte Laune. Und langweilig
ist ihm auch. Wenn Frau Bär nur käme! Sie könnte ihm doch helfen,
die Gardinen aufzuhängen. Aber Frau Bär liegt gemütlich im Bett und
schnarcht, dass das ganze Haus wackelt.
»Zeit zum Aufstehen, Frau Bär!«, ruft Herr Hase ärgerlich und klopft
energisch mit dem Besenstiel an die Zimmerdecke.

14

»Ist nicht nett von dir, Herr Hase. Wo ich doch so bärig gut geschlafen habe!«, brummt Frau Bär und stapft die Treppe herab. »Musst du jedes Mal so trampeln, Frau Bär?«, schimpft Herr Hase. »Und die Honigspuren auf der Treppe hast du auch nicht weggewischt!« – »Regst dich immer nur auf, Herr Hase. Brauchst dringend Erholung«, sagt Frau Bär. Sie stupst Herrn Hase in die Seite. »Weißt du was?«, ruft sie begeistert. »Herr Hase, wir fahren in Urlaub!« Herr Hase schüttelt heftig die Ohren. »Nein. Ich will hierbleiben, in meinem Häuschen.« – »Kommt nicht in Frage«, brummt Frau Bär. »Du brauchst Abwechslung.«
»Alles, was ich brauche, ist Ruhe. Besonders vor trampelnden und kleckernden Bären!«, schimpft Herr Hase. »Ist nicht nett von dir, Herr Hase!«, schnieft Frau Bär und stapft die Treppe hinauf.

»Auch das noch!«, seufzt Herr Hase. Das hat er wirklich nicht gewollt.
Ob er sich bei Frau Bär entschuldigen soll? Zaghaft klopft er an ihre Tür.
»Tut mir echt leid, Frau Bär. Ich hab's nicht so gemeint. Und wenn du
unbedingt willst, dann fahren wir halt in Urlaub. Aber nur einen Tag!«
»Komm rein, Herr Hase«, brummt Frau Bär. »Ich schmier dir ein
Honigbrötchen.«

Am nächsten Morgen ist Frau Bär schon in aller Frühe wach
und ruft so laut, dass Herr Hase sich die Ohren zuhalten muss:
»Komm schnell, Herr Hase! Überraschung!«
Vor dem Haus steht ein lustiges rotes Auto.
»Selbst gebaut, von meinen fünf Brüdern. Tolle Kerle, was?«,
brummt Frau Bär. »Und wozu?«, will Herr Hase wissen.
»Ist doch klar. Für unseren Urlaub«, sagt Frau Bär.
»Los geht's, Herr Hase! Pack deine Sachen!«

Herr Hase trägt sein Köfferchen herbei. Doch Frau Bär hat den
Kofferraum schon rappelvoll gestopft. Alles, was Herr Hase nebst
seinem Putzzeug mitnehmen kann, ist das Buch vom traurigen
Nilpferd und ein Geranientopf.
»Hopp! Alle einsteigen!«, ruft Frau Bär.
»Wohin fahren wir eigentlich?«, fragt Herr Hase. »Komische Frage.
Immer der Nase nach natürlich.« Herr Hase schüttelt die Ohren.
»Man muss doch ein Ziel haben, Frau Bär!«
»Muss man nicht, Herr Hase. Hauptsache, es wird bärig gemütlich in
unserem Zelt.« – »Zelt?«, ruft Herr Hase entsetzt. »Mit dir in einem Zelt,
Frau Bär?«

Das Auto holpert über die Waldwege.
Mal kippt es nach rechts, mal nach links.

»Halt das Steuer fest, Frau Bär!«,
stöhnt Herr Hase. »Und fahr
nicht so schnell! Ich werde
seekrank!«

»Irre, was?«, brummt Frau Bär fröhlich und stopft
sich ein paar Kekse zwischen die Zähne. »Mussl
du jetzt unbedingt Kekse essen, Frau Bär? Und das
ganze Auto vollkrümeln?«, fragt Herr Hase ärgerlich.

Plötzlich gibt es einen heftigen Schlag. Herr Hase saust in die Höhe.

Es pufft und zischt, und das Auto bleibt stehen. »Das hat man nun von einem selbst gebauten Auto!«, schimpft Herr Hase.

Frau Bär steigt aus und schaut sich die Sache von unten an. »Ist nicht weiter schlimm, Herr Hase«, brummt sie. »Sind nur in ein Loch gefahren. Bleiben wir halt hier.« Auf einer Wiese schlagen sie das Zelt auf.

»Aber das ist ja viel zu eng für uns beide!«, ruft Herr Hase entsetzt.
Frau Bär bringt die Hängematten herbei.
»Die große für mich, die kleine für dich«, brummt sie fröhlich.
Herr Hase seufzt und kehrt den Boden. »Ich möchte Ordnung haben.
Wie in meinem Häuschen. Ist das klar, Frau Bär?« Am Abend stellt
er den Wecker auf sechs Uhr.
»Kommt nicht in Frage«, brummt Frau Bär. »Bist im Urlaub, Herr Hase.«
Dann klettert sie mit dem Honigtopf in die Hängematte.

In der Nacht ertönt von draußen ein Klopfen und Hämmern.
»Was ist das, Frau Bär?«, flüstert Herr Hase ängstlich.
»Immer schön locker bleiben, Herr Hase. Sind nur meine fünf Brüder.
Sie reparieren das Auto. Tolle Kerle, was?«
Plötzlich hört Frau Bär ein lautes Schniefen. »Ist was, Herr Hase?«
»Ich habe Heimweh nach unserem Häuschen«, murmelt Herr Hase.
»Und weiß nicht, ob ich das Küchenfenster geschlossen habe.«

Am Morgen will Herr Hase nicht frühstücken. Da nimmt Frau Bär ihn einfach huckepack und klettert mit ihm auf die höchste Tanne.
»Hilfe! Was machst du denn mit mir?«, ruft Herr Hase erschrocken.
Plötzlich entdeckt er ein rotes Dach. »Aber das ist ja unser Häuschen!«, ruft er aufgeregt. Frau Bär grinst bis über beide Ohren.
»Ach, ist das schön!«, ruft Herr Hase freudig. »Und das Küchenfenster ist auch zu.«

Jetzt ist Herr Hase schon viel besser gelaunt. »Heute will ich mal fahren«, verkündet er. »Herr Hase am Steuer! Ist ja irre komisch!«, meint Frau Bär und lässt sich auf den Sitz plumpsen. Dann singt sie das Lied von der einsamen Honigbiene. Und Herr Hase summt sogar leise mit. Plötzlich ruft Frau Bär: »Schau mal, Herr Hase! Ist doch bärig schön da vorne!« Am Ufer eines Baches schlagen sie das Zelt auf.

In der Nacht kann Herr Hase wieder nicht schlafen. Das enge Zelt. Und über ihm in der Hängematte die riesige Frau Bär. Herr Hase wälzt sich hin und her. Frau Bär aber schnarcht, dass alles ringsum wackelt. Herr Hase stupst mit dem Besenstiel gegen die Hängematte. Erschrocken fährt Frau Bär in die Höhe. Der Honigtopf fällt herunter, direkt auf Herrn Hases Fuß. »Armer Herr Hase«, brummt Frau Bär und schmiert eine Tatze voll Honig auf die Beule.

Das hilft. Am nächsten Morgen ist die Beule weg. Und weiter geht's.
Durch Wald und Wiese. »Wie groß die Welt ist!«, staunt Herr Hase.
Und knabbert aufgeregt ein paar Kekse. »Ist noch viel größer. Wirst
schon sehen«, brummt Frau Bär. Und langt in den Honigtopf.
»Du kleckerst, Frau Bär!«
»Du krümelst, Herr Hase!« Da lachen beide, dass ihnen die Bäuche
wackeln. Und weiter geht's. Über Berg und Tal.

Hans de Beer

Kleiner Eisbär
Lars, komm bald wieder!

Am Nordpol gibt es nur Eis und Schnee. Lars, dem kleinen Eisbären, gefiel das. Er liebte es, im Schnee herumzutollen, auf Eisberge zu klettern und wieder hinunterzurutschen.
Doch am liebsten lag Lars im Wasser und ließ sich von den Wellen treiben. So auch heute.

Nach den fröhlichen Spielen spürte Lars Hunger. Er wollte nach
Hause. Als er dem Ufer zu schwamm, hielt ihn plötzlich etwas fest.
Er kam nicht mehr vorwärts, wie sehr er sich auch anstrengte. Und bald
konnte er nichts mehr sehen, denn rings um ihn waren Fische. Dann
gab es einen Ruck.
Mit Hunderten von Fischen war Lars in einem großen Netz gefangen
und in die Luft gehoben worden.

Das Netz wurde in den Bauch des Schiffes geleert. Lars zappelte wie wild, bis er über die zahllosen Fische hinwegschauen konnte. Wie kam er da bloß hinaus? Nirgends gab es eine Öffnung. Da entdeckte Lars eine Leiter und kletterte rasch hoch. Er lief einen dunklen Gang entlang. Endlich kam er zu einem kleinen, runden Fenster. Er schaute hinaus: nichts als Wellen und dunkle Nacht. Lars sehnte sich nach Eis und Schnee, wo er zu Hause war.

Lars tappte weiter durch den Gang. Irgendwo musste es doch einen Weg ins Freie geben! Endlich roch er frische Luft. Er rannte los, doch plötzlich raschelte etwas hinter ihm. Erschrocken drehte er sich um. Zwei leuchtende Augen starrten ihn an.

Lars rannte davon und versteckte sich an Deck. Da hörte er über sich eine freundliche Stimme: »Du musst keine Angst haben vor mir. Ich bin Nemo, die Schiffskatze.«
Lars sah ein gutmütiges Tier mit rotem Fell und einem langen Schwanz. Da verlor Lars alle Angst und setzte sich erleichtert hin.

»Ich bin Lars, der kleine Eisbär, und ich muss sofort nach Hause.
Vater und Mutter machen sich Sorgen um mich«, begann er und
erzählte, wie er auf das Schiff gekommen war.
»So rasch wird das nicht möglich sein, Lars«, antwortete die Katze.
»Wir sind schon weit weg vom Nordpol. Aber mach dir keine Sorgen.
Sobald wir im nächsten Hafen sind, treffen wir meine Freunde, die
Schiffskatzen. Eine davon lebt sicher auf einem Schiff, das zum
Nordpol fährt. Die wird dich bestimmt mitnehmen. Aber jetzt
versteckst du dich besser. Es darf dich hier niemand sehen.«
Erst als es finstere Nacht war, kroch Lars wieder an Deck.
Zusammen schauten sie über das endlose Wasser. Sie erzählten
einander aus ihrem Leben. Bald schlief Lars neben Nemo ein.

Eines Nachts entdeckte Lars plötzlich viele kleine Lichter am Horizont.
»Das ist der Hafen«, sagte Nemo.
Noch in derselben Nacht schlichen sie über den Laufsteg an Land.
Es war totenstill.
»Hoffentlich sieht uns niemand«, flüsterte Nemo besorgt. Doch Lars
verstand ihn nicht, sein Herz pochte viel zu laut vor Aufregung.

Lars und Nemo gingen am Ufer entlang. Puh, wie war das Wasser schmutzig! Da wollte Lars lieber nicht drin schwimmen. Leise schlichen sie durch die dreckigen Gassen und Hinterhöfe. Wehmütig dachte er an sein weißes Zuhause.

Lars ging hinter Nemo her. Es war nicht leicht für ihn, der Katze zu folgen, denn sie mussten viele Hindernisse überwinden. Noch nie zuvor war Lars auf einer Mauer gegangen!
»Wir sind da«, sagte Nemo plötzlich und sprang voraus. Lars zögerte. Aus dem Dunkeln schauten ihn so viele funkelnde Augen an.

»Komm, Lars, hab keine Angst. Meine Freunde tun dir nichts!«, rief Nemo. Als Lars näher kam, sah er sich einer ganzen Menge Schiffs-katzen gegenüber. Sie schauten ihn neugierig an. Keine hatte je einen Eisbären gesehen.
Nemo erzählte seinen Freunden nun von Lars' ungewolltem Abenteuer.
»Lars möchte ganz schnell wieder nach Hause, an den Nordpol. Wer von euch fährt dorthin?« Eine schwarz-weiße Katze meldete sich.
»Oh, Johnny, das ist fein«, sagte Nemo.

Jetzt, da es auf den Heimweg ging, rannte Lars übermütig voraus.
Auf einer breiten Straße wurde er von einem Lastwagen erschreckt.
Von nun an lief Lars schön hinter den Katzen her.
»Lieber Nemo, leb wohl!«, sagte Lars traurig, als sie beim Schiff
angelangt waren.
»Komm schnell«, unterbrach Johnny, »sonst sieht dich jemand,
und dann kommst du nie an deinen Nordpol!«
Lars rannte los. Doch mitten auf dem Laufsteg drehte er sich noch
einmal um und blickte zu Nemo hinunter: »Leb wohl, Nemo!«
Er hörte nur noch ein trauriges »Miau!«.

Jede Nacht stand Lars an der Reling und hielt Ausschau nach Land.
Endlich, nach drei Tagen, sah er einen weißen Streifen am Horizont.
Dieser wurde immer größer.
»Johnny, schau! Schnee und Eis! Da bin ich zu Hause!«, rief Lars freudig.
»So weiß sah ich früher aus!«, fügte er lachend hinzu.
Als das Schiff Anker warf, wurde Lars ganz zappelig. »Ich werde
hinunterspringen und an Land schwimmen«, meinte er. Aber Johnny riet
ihm, an der Ankerkette hinunterzugleiten und keinen Lärm zu machen.
»Ade, Johnny, und vielen Dank!«, rief Lars, als er über die Reling
kletterte. Dann rutschte er hinunter ins Wasser und schwamm vergnügt
dem Ufer zu.

Das Meerwasser wusch Lars wieder weiß. Fröhlich jagte er durch den Schnee nach Hause.

»Vater! Mutter! Ich bin's, ich bin zurück!«, rief er von weitem und rannte in Mutter Eisbärs Arme. Aufgeregt erzählte er von seiner ungewollten Reise auf dem Schiff und von Nemo.

»Schaut, so sieht Nemo aus«, sagte Lars lachend und stellte sich wie eine Katze vor die staunenden Eltern.

Diese Nacht schliefen sie alle drei dicht beisammen.

Lars nahm seine fröhlichen Spiele bald wieder auf. Doch Vater Eisbär sah ihn oft am Rande des Eises sitzen und in die Ferne schauen.

»Nach was hältst du Ausschau?«

»Nach einem Schiff und einem Freund«, sagte Lars sanft und lächelte.

Rick de Haas

Emil
Abenteuer im U-Boot

Heute ist ein sehr heißer Tag. Emil schwitzt sogar im Schatten.
»Warum gehst du nicht Boot fahren?«, schlägt Großmutter vor.
»Auf dem Wasser ist es bestimmt kühler.«
Tolle Idee, denkt Emil und zu seinem Hund sagt er: »Komm, Arthur,
wir gehen U-Boot fahren.«

Arthur und Emil schlendern zum Steg, wo Emil sein kleines U-Boot
befestigt hat.
»Aber zum Abendessen seid ihr wieder zurück!«, ruft Großmutter.

Auf dem Wasser ist es tatsächlich kühler. Die See ist absolut ruhig.
»Zieh deinen Kopf ein, Arthur!«, ruft Emil übermütig. »Wir tauchen ab.«

Unter der Wasseroberfläche ist es nicht mehr so ruhig. Da ist was los!
Hier unten leben Sardinen, Seesterne und alle möglichen Tierarten,
deren Namen Emil nicht kennt.

Die Sonne scheint aufs Wasser.
»Schau«, sagt Emil, »über uns fliegt ein Vogel. Das ist sicher unsere Möwe vom Leuchtturm.« Emil schaut nach oben.

Aber auch ein U-Boot-Kapitän sollte den Blick nach vorne gerichtet haben. Besonders bei Ebbe. Chrrr! Mit einem Knirschen kommt das Boot zum Stillstand.
»Oh nein!«, ruft Emil. »Wir sind auf einer Sandbank gelandet.«

Nach einer Weile geht das Wasser noch mehr zurück. Jetzt können Emil und Arthur aus dem U-Boot steigen. Mit all seiner Kraft versucht Emil das U-Boot anzuschieben.

»Es steckt komplett fest«, jammert er. »Wir werden hier übernachten müssen. Erst wenn die Flut kommt, können wir wieder zurück. Oh weh, Großmutter wird sich schreckliche Sorgen machen!«

Zusammen erkunden Emil und Arthur die Sandbank.
»Wenigstens sind wir nicht allein«, sagt er. »Sieh doch, überall liegen Muscheln.« Emil zeigt Arthur ein Rochenei.

Langsam wird es dunkel. Der Sommerhimmel ist klar und voller Sterne.
Emil holt einen Schlafsack aus dem U-Boot.
»Willst du dich neben mich setzen, Arthur?«, fragt er.
Plötzlich ist Emil ganz aufgeregt: »Schau mal, eine Sternschnuppe,
schnell, wünsch dir was!«
Aber Arthur wünscht sich nichts. Er knurrt missmutig und starrt in
die Dunkelheit.

In der Ferne sieht Emil den Lichtstrahl des Leuchtturms über das
Wasser gleiten. Großmutter wird wohl jetzt zu Abend essen, denkt
er traurig. Und mein Bett wird heute leer bleiben.

Mit einem Satz springt Arthur vom U-Boot hinunter.
»Was ist los? Was machst du?«, fragt Emil neugierig.
Emil lauscht. Er hört ein leises Schlurfen.
»Vielleicht sollten wir besser schlafen gehen«, schlägt er vor.
»Je eher wir schlafen, desto schneller wird es Morgen und wir
können wieder nach Hause gehen.«

Schnell gehen sie ins U-Boot zurück. Emil schließt die Luke.
»Wir lassen sie die ganze Nacht geschlossen«, sagt er. »Dann kann uns nichts passieren.«

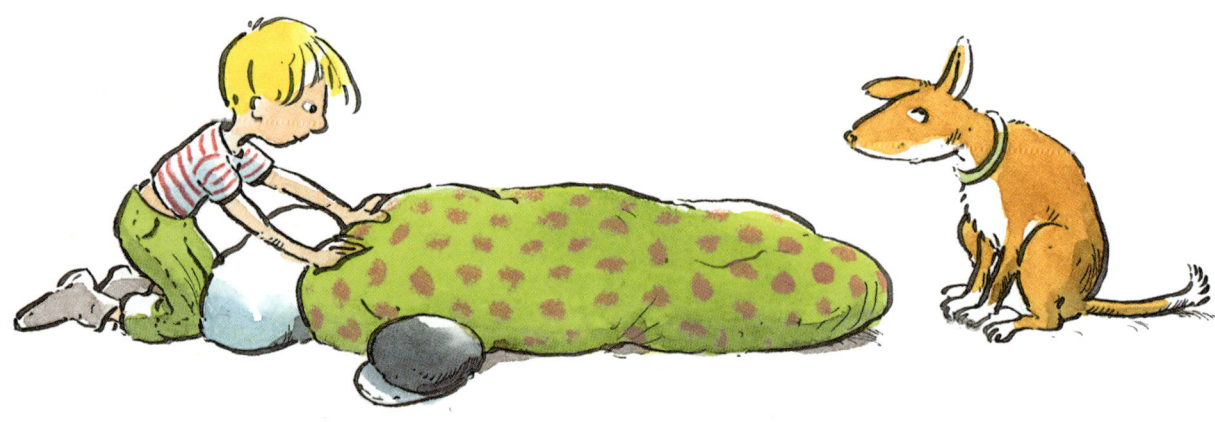

Im U-Boot bewahrt Emil einige Notvorräte auf. Eine Packung mit Keksen und eine Flasche Limonade.
»Möchtest du etwas essen, Arthur?«, fragt er.
Aber Arthur will keine Kekse. Er richtet sich auf und spitzt die Ohren.
»Sei nicht so unruhig«, sagt Emil. »Ich jedenfalls gehe jetzt schlafen. Gute Nacht, Arthur.«

Es ist mitten in der Nacht. Emil schläft und Arthur döst. Mit einem
Mal bewegt sich das U-Boot. Erst neigt es sich nur ein wenig zur Seite.
Doch dann kippt es ganz und schlägt mit einem dumpfen Knall auf
dem nassen Sand auf. Emil und Arthur fallen aus dem Bett.
Alles wirbelt durch die Luft.
»Was ist los?«, schreit Emil erschreckt.
Er greift nach seiner Taschenlampe und öffnet die Lukentür.

Emil leuchtet mit der Taschenlampe die ganze Umgebung ab. Doch das
Einzige, was er sieht, ist eine Krabbe, die durch den Lichtstrahl spaziert.
»Hey, du, Krabbe!«, ruft Emil forsch. »Hast du uns umgestoßen?«
Doch dann hört er plötzlich wieder dieses eigenartige Schlurfgeräusch.
Arthur beginnt laut zu bellen.
Emil leuchtet mit seiner Taschenlampe die Hinterseite des U-Bootes ab.
Vielleicht sitzt dort hinten ein riesiges U-Boot-Kippmonster?

Doch dann lacht Emil. »Schau!«, ruft er. »Ein Seehundbaby!
Hallo, Seehundbaby. Bist du ganz alleine hier? Wo ist deine Mama?«
Der kleine Seehund quiekt leise.

Emil hebt das Seehundbaby auf und trägt es ins U-Boot.
»Hast du Hunger?«, fragt er. »Möchtest du einen Keks?«
Arthur schnüffelt an dem fremden Tier.
»Nicht«, sagt Emil freundlich. »Er riecht zwar ein wenig nach Fisch,
aber wir wollen es nicht erwähnen. Das wäre nicht sehr höflich.«
Der kleine Seehund wedelt mit der Schwanzflosse und schaut sich
mit seinen großen Seehundaugen um.
»Du kannst heute bei uns übernachten«, schlägt Emil vor. »Gute Nacht,
kleiner Seehund.«

Schließlich wird es wieder Tag und die Sonne geht auf. Emil und Arthur arbeiten hart. Sie graben ein großes Loch hinter dem U-Boot und befestigen seitlich am U-Boot dicke Seile. Dann ziehen sie mit vereinten Kräften.
Auch der kleine Seehund hilft mit. Ein bisschen zumindest.

Endlich kommt die Flut. Das Wasser steigt und steigt. Das Boot hebt sich mit einem leisen Knirschen vom Sand.

»Komm mit uns mit«, sagt Emil zum kleinen Seehund. »Ich wette, du bist ein guter Schwimmer, aber du bist zu klein, um allein zurechtzukommen. Und Großmutter wird sicher wissen, was wir mit dir tun sollen.«

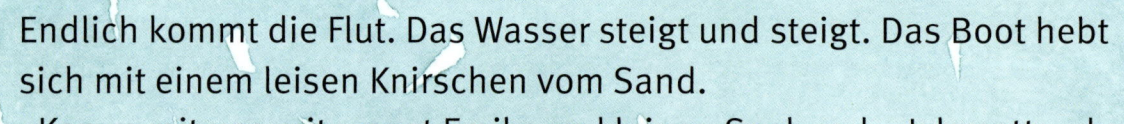

Der Motor startet und Emil beschleunigt. Er möchte
so schnell wie möglich zurück zum Leuchtturm.
Und schon hört er ein Geräusch über ihnen.
»Hey, Möwe!«, ruft er. »Möchtest du einen Keks?«

Nach kurzer Zeit können sie den Anlegesteg sehen. Viele Leute stehen dort. Emil entdeckt Großmutter.
»Hallo, wir sind zurück!«, schreit er, so laut er kann.

Auch das Seehundbaby streckt seinen Kopf aus der Luke.
»Schau nur«, sagt Emil, »auf dich wartet auch jemand. Habe ich dir nicht gesagt, dass Großmutter jedes Problem löst!«

Andrej Usatschow · Alexandra Junge

Das magische Riesenrad
Eine Reise um die Welt

Eines Abends, als der Zoo schon geschlossen war, beschlossen die Tiere, ein bisschen in den Freizeitpark zu gehen. Dort war vor kurzem ein Riesenrad eingeweiht worden. Der Freizeitpark lag genau neben dem Zoo. Alle Tiere standen bereits in den Startlöchern und warteten nur noch auf den Igel Wowka, der vorausgelaufen war, um die Lage auszukundschaften.

»Kann man von diesem Riesenrad wirklich die ganze Welt sehen?«, fragte das Krokodil Viktor ungeduldig.

»Das wäre schön!«, seufzte der Tiger Sherebangla.

»Ich habe meine Heimat schon 20 Jahre nicht mehr gesehen!« Endlich kam Wowka angelaufen. Außer Atem rief er: »Alles in Ordnung, Freunde! Alle mir nach!«

Die Tiere schlüpften – eins nach dem anderen –
durch das Loch im Zaun und schlichen zum Riesenrad.
Der Igel Wowka, der sich gut in technischen Dingen aus-
kannte, kletterte ins Bedienerhäuschen. Schnell drückte er
auf den grünen Knopf und sprang in die erste Gondel.
Die Gondel schaukelte ein wenig. Dann setzte sie sich
langsam in Bewegung und stieg höher und höher.

»Oh!«, rief Wowka begeistert. »Ich sehe schon die
halbe Stadt!« Und dann: »Nein, die ganze Stadt!«
Wowka sah den Wald, der vor der Stadt lag und in dem
Eichhörnchen herumhuschten und Pilze wuchsen.
Er entdeckte hinter dem Wald einen Bach und hinter dem
Bach das Dörfchen Petutschowka, in dem er früher oft
Milch geholt hatte. Und als er Opa Pachom entdeckte, der
auf seiner Bank saß und Balalaika spielte, konnte Wowka
vor Begeisterung nicht mehr stillsitzen. Er schnappte sein
Halstuch und begann zu tanzen. Er merkte nicht einmal,
dass die Gondel schon wieder nach unten schwebte, so
sehr freute er sich.

In der nächsten Gondel
saß der Eisbär Eska. Er war
noch ein Bärenbaby gewesen,
als ihn die Polarforscher in den
Zoo gebracht hatten, und war deshalb
besonders gespannt darauf, den Nordpol
zu sehen. Eska sah das Eismeer mit seinen riesigen
Eisflächen und glitzernden Eisschollen, die aussahen wie
Zuckerstückchen. Und er sah natürlich das Nordlicht.
Und dann entdeckte er zwei große Walrösser mit Schnurr-
bart, die ohne Badeanzug und sogar ohne Bademütze
in einem Eisloch planschten. »Brrr«, brummte Eska vor
Kälte, als er den eisigen Nordwind spürte, und zog seinen
Pelz fester um sich.

Als das Krokodil Viktor oben ankam, konnte es die vertrauten
Konturen Afrikas und die heiße, gelbe Wüste mit den
Kamelkarawanen erkennen. Dann sah das Krokodil die Heimat
aller Krokodile – den Nil. Und genau in der Mitte des Nils
entdeckte Viktor seinen Onkel Neil Nilson, der als Fähre Leute
von einem Ufer zum anderen brachte. »Haaallooo!«, rief Viktor
und schwenkte seinen Hut. Aber sein Onkel war wohl so in die
Arbeit vertieft, dass er Viktor gar nicht bemerkte.

Der Bengalische Tiger Sherebangla war sehr kurz-
sichtig und hatte große Angst, er würde seinen eigenen
Dschungel nicht erkennen. Aber er konnte den dichten
tropischen Regenwald, der voller verschlungener Lianen war, sehr
gut erkennen. Überall wuchs Bambus und überall schwangen sich
schwanzlose Affen mit viel Geschrei durch die Baumwipfel und
bewarfen sich gegenseitig mit Bananenschalen.
»Sie haben immer noch so schlechte Manieren!«, murmelte
Sherebangla enttäuscht. Aber insgeheim war er froh, dass immer
noch alles genauso war wie früher, als er selbst noch dort gelebt
hatte.

Der Adler Makar war zwar schon lange nicht mehr geflogen, aber seine Augen waren immer noch genauso scharf wie früher. Er erspähte in der Ferne sofort die Berggipfel, über denen schneeweiße Wolken lagen. Über den Wolken flogen Flugzeuge. Und noch weiter oben flogen Raketen. Und noch viel weiter oben war jetzt Makar. Er schwebte hoch im Himmel und sah die ganze Erde unter sich. Alles! Von den höchsten Bergen bis zu den kleinsten Insekten, die sich auf den Blumen niedergelassen hatten!

»Ohhh! Seht euch das an!« und »Habt ihr das gesehen?«, riefen alle begeistert durcheinander.

Etwa zur gleichen Zeit verließ Zoodirektor Leopold von der Haube
sein Büro. Er hatte noch über der Jahresabrechnung gesessen und
merkte jetzt plötzlich, dass der Zoo leer war.
Schnell schnappte sich der Zoodirektor sein Fernglas und eilte zur
Giraffe Filimona, die ihres Zeichens als mobiler Aussichtsturm für
ihn tätig war. Aber sein »Aussichtsturm« war weg! Leopold von der
Haube raufte sich verzweifelt die Haare. Da stach ihm plötzlich das
Riesenrad ins Auge.

»Aber natürlich!«, rief er. »Eine Giraffe ist zwar gut, aber ein
Riesenrad ist noch viel besser!«
Der Zoodirektor sprang in die nächstbeste Gondel und fuhr mit ihr
nach oben.
Langsam wurde es dunkel. Aber vom Riesenrad aus konnte man
alles noch ganz genau erkennen.
»Wo sind bloß die Tiere?«, murmelte der Zoodirektor. Allmählich
war er den Tränen nahe. Fieberhaft suchte er die ganze Stadt ab,
Straße für Straße.
Je höher er kam, desto mehr sah er. Er konnte das ganze Land sehen.
Nein, alle Länder und alle Kontinente. Er sah den ganzen Erdball!

Damit hatte Leopold von der Haube nicht ge-
rechnet. Er sah, wie – eins nach dem anderen –
die Tiere aus den Gondeln sprangen und hinter
den Büschen verschwanden. Der Direktor war so
froh, wieder alle Tiere zu sehen, dass er sogar zu
schimpfen vergaß: »Ach, ich könnte ja noch eine
Runde fahren«, dachte er sich, »wer weiß, wann
ich wieder Gelegenheit dazu haben werde!«

Glücklich, alle seine Tiere in Sicherheit zu wissen, drehte
Zoodirektor Leopold von der Haube noch eine letzte Runde
mit dem Riesenrad.
Während die Tiere im Zoo zufrieden schliefen und von ihrer
abenteuerlichen Reise mit dem Riesenrad träumten.

Marcus Pfister

Der Regenbogenfisch

entdeckt die Tiefsee

Ruhig zog der Glitzerschwarm im Ozean seine Kreise. Die Fische aßen, spielten und vergnügten sich. Nur der Regenbogenfisch und der kleine Blaue hatten sich ein wenig vom Schwarm entfernt. Sie waren, wie schon so oft, zur Unterwasserklippe geschwommen. Dort fiel der Meeresboden steil ab und niemand wusste, wie tief das Meer hier war.

»Ich würde nur zu gerne wissen, wie es da unten ausschaut«, sagte der Regenbogenfisch zum kleinen Blauen und blickte sehnsüchtig in die Tiefe. »Wer weiß, was es dort alles zu entdecken gibt!«

»Das würde ich an deiner Stelle lieber lassen«, warnte der weise Oktopus, der gerade vorbeischwamm. »Dort unten ist es kalt, habe ich gehört. Und dunkel, sehr dunkel. Das ist nichts für unsereins.«

So begnügte sich der Regenbogenfisch damit, ab und zu mit seinem Freund zur Klippe zu schwimmen, um in die Tiefe zu schauen. Bei einem solchen Ausflug passierte es plötzlich: Eine Strömung kam auf und riss die einzige Glitzerschuppe mit sich, die der Regenbogenfisch noch besaß. Blitzschnell sank sie hinab. Der Regenbogenfisch wollte ihr hinterherschwimmen, aber der kleine Blaue hielt ihn zurück.

»Nein, Regenbogenfisch, bitte tu das nicht. Ich will nicht, dass dir etwas passiert. Komm, ich schenke dir meine Glitzerschuppe!«

Doch der Regenbogenfisch war untröstlich. Er wollte keine andere Glitzerschuppe. Er wollte nur seine, seine eigene Schuppe wiederhaben.

»Warte hier«, rief der kleine Blaue, »ich hole Hilfe!«
Aber kaum war sein Freund verschwunden, tauchte der Regenbogenfisch in die Tiefe. Er musste seine Schuppe unbedingt wiederfinden. Bald war es so finster, dass der Regenbogenfisch nichts mehr sehen konnte außer einem glitzernden Punkt, der immer schwächer wurde.

Mit einem Male wurde es heller und ein rosa leuchtendes Tier
tauchte auf.
»Hallo«, grüßte es erstaunt, »ich bin der Leuchtkalmar.
Wer bist du denn? Und was machst du hier unten?«
»Ich bin der Regenbogenfisch«, sagte der Regenbogenfisch.
»Ich habe meine Glitzerschuppe verloren und muss sie
unbedingt wiederfinden. Hast du sie vielleicht gesehen?«
»Nein, leider nicht«, antwortete der Kalmar. »Aber wenn
du möchtest, helfe ich dir beim Suchen.«

So machten sich der Regenbogenfisch und der Leuchtkalmar auf die Suche nach der verlorenen Schuppe. Unterwegs begegneten sie drei leuchtend farbigen Quallen.

»Eine Glitzerschuppe? Ja, die ist hier vorbeigetrudelt. Wir haben ein bisschen mit ihr gespielt, aber wir wussten ja nicht, dass jemand sie verloren hat.« Rasch tauchten die zwei weiter.

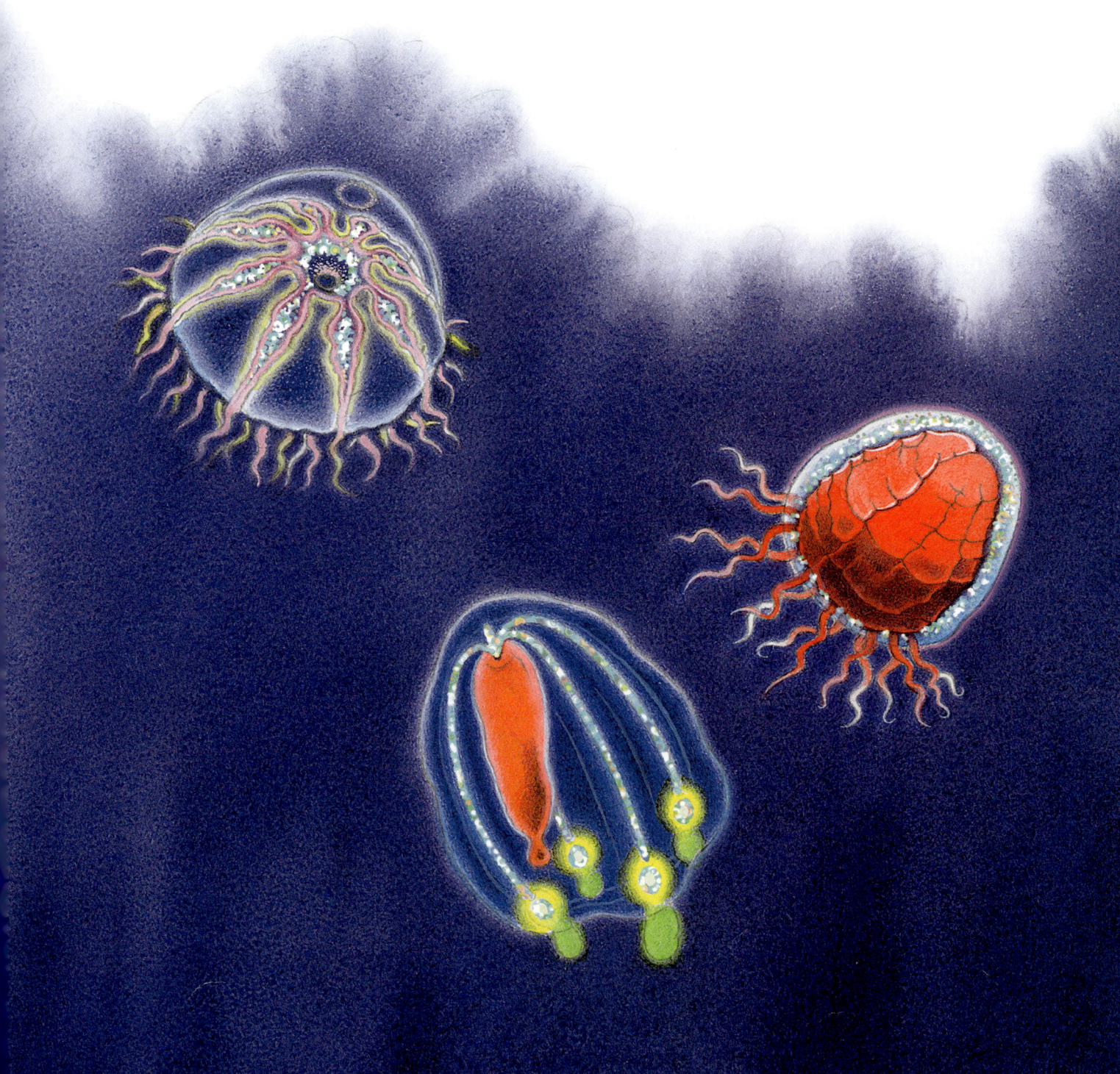

Plötzlich versperrte ihnen ein blaugrün schillernder
Vorhang den Weg. »Vorsicht!«, rief der Leuchtkalmar.
»Das sind die Fangarme der Staatsqualle. Du darfst sie
nicht berühren, die sind sehr giftig!« – »Hast du meine
Schuppe gesehen?«, fragte der Regenbogenfisch die
riesige Qualle schüchtern. »Hier unten glitzert und leuchtet
doch jedes kleinste Krebschen«, blubberte die Staatsqualle.
»Wie soll mir denn da eine einzelne Glitzerschuppe auffallen?«

»Sei nicht traurig«, versuchte der Kalmar den Regenbogenfisch zu trösten, »wir werden deine Glitzerschuppe schon finden. Schau, da unten schwimmt die Spanische Tänzerin. Vielleicht hat sie deine Schuppe gesehen.«
Aber die Spanische Tänzerin war viel zu sehr mit sich selber beschäftigt. Sie übersah die beiden einfach und schwebte federleicht an ihnen vorbei.

Der Regenbogenfisch und der Leuchtkalmar tauchten weiter,
bis sie endlich auf den Meeresgrund kamen. Hier musste die
Schuppe irgendwo liegen. Doch das Licht des Leuchtkalmars
reichte nicht sehr weit.

»Dort drüben lebt die Dumbokrake. Komm, sie wird uns bestimmt weiterhelfen«, schlug der Leuchtkalmar vor. Aber auch zu dritt fanden sie die Glitzerschuppe nicht.

»Ich hab's!«, rief die Dumbokrake. »Ich schenke dir einfach ein
neues Glitzerkleid, Regenbogenfisch!« Und schon überschüttete
sie ihn mit einem Glitzerregen und der Regenbogenfisch leuchtete
wie nie zuvor.
»Nun, was sagst du dazu?«, fragte die Dumbokrake zufrieden.
»Wie lieb von dir. Es sieht wunderschön aus«, sagte der
Regenbogenfisch, »aber ich brauche kein neues Glitzerkleid.
Ich möchte nur meine Schuppe wiederhaben.«

»Dann brauchen wir mehr Licht«, sagte der Leuchtkalmar. Er rief die Tiere der Tiefsee herbei und alle kamen – sogar die Spanische Tänzerin! Alle halfen mit, den Meeresboden zu erhellen, um die Glitzerschuppe zu finden. Sie wollten die Suche schon fast aufgeben, als der Schein eines kleinen Laternenfisches auf die Glitzerschuppe fiel. »Hurra, ich habe meine Glitzerschuppe wieder!«, jubelte der Regenbogenfisch. Er bedankte sich überglücklich bei seinen neuen Freunden: »Ohne eure Hilfe hätte ich das nie geschafft!«

Der Regenbogenfisch verabschiedete sich und der Kalmar begleitete ihn noch ein Stück auf dem langen Weg nach oben. Unterdessen hatte der kleine Blaue den Schwarm gerufen. So wurde der Regenbogenfisch voll Freude von all seinen Freunden empfangen. Alle wollten wissen, wie es da unten gewesen sei. Da begann der Regenbogenfisch von den wunderschönen Farben und freundlichen Tieren der Tiefsee zu erzählen. Und seine Freunde lauschten gebannt seinem Bericht bis tief in die Nacht hinein.

Quellenverzeichnis

Christa Kempter · Frauke Weldin

Herr Hase und Frau Bär - Der große Ausflug

© 2009 NordSüd Verlag AG, Zürich

Hans de Beer

Kleiner Eisbär - Lars, komm bald wieder!

© 1988 NordSüd Verlag AG, Zürich

Rick de Haas

Emil - Abenteuer im U-Boot

© 2012 NordSüd Verlag AG, Zürich

Andrej Usatschow · Alexandra Junge

Das magische Riesenrad

© 2010 NordSüd Verlag AG, Zürich

Marcus Pfister

Der Regenbogenfisch entdeckt die Tiefsee

© 2009 NordSüd Verlag AG, Zürich